Impressum
Verlag: BABADADA GmbH, Nedderfeld 112 , 22529 Hamburg
Geschäftsführer / Verlagsleitung: Harald Hof
Druck: Books on Demand GmbH, In de Tarpen 42, 22848 Norderstedt

Imprint
Publisher: BABADADA GmbH, Nedderfeld 112 , 22529 Hamburg, Germany
Managing Director / Publishing direction: Harald Hof
Print: Books on Demand GmbH, In de Tarpen 42, 22848 Norderstedt

shule
chikoro

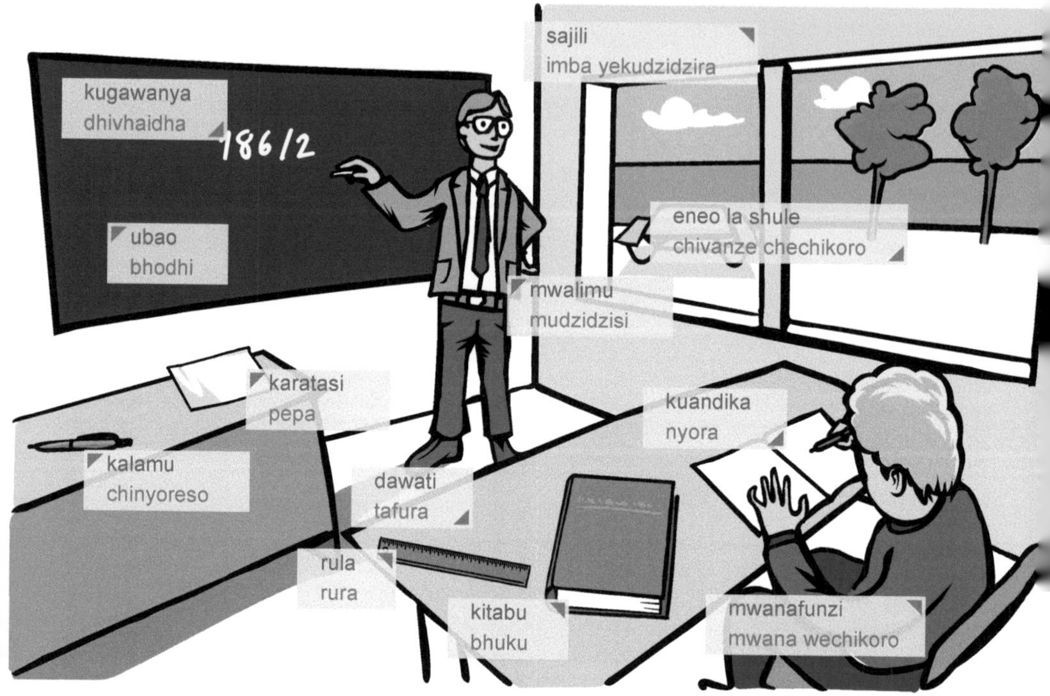

sajili
imba yekudzidzira
kugawanya
dhivhaidha
186/2
ubao
bhodhi
eneo la shule
chivanze chechikoro
mwalimu
mudzidzisi
karatasi
pepa
kuandika
nyora
kalamu
chinyoreso
dawati
tafura
rula
rura
kitabu
bhuku
mwanafunzi
mwana wechikoro

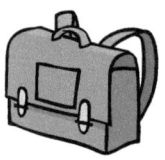

mkoba
bhegi

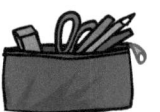

kikasha cha penseli
chekuchengetera mapenzura

penseli
penzura

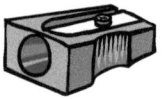

kichonga penseli
chekurodzesa mapenzura

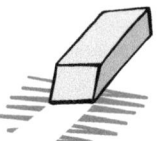

mpira
rabha

pedi ya kuchora
bhuku rekudhirowera mifananidzo

uchoraji

mufananidzo
wakadhirowewa

brashi ya rangi

bhurasho rekupendesa

sanduku la rangi

bhokisi rependi

mkasi

chigero

gundi

guruu

daftari

bhuku rekunyorera

kazi ya nyumbani

basa rinoitirwa kumba

nambari

nhamba

jumlisha

sanganisa

ondoa

bvisa

zidisha

wanziridza

kokotoa

kakureta

barua

bhii

alfabeti

arufabheti

neno

shoko

maandishi

mashoko

kusoma

kuverenga

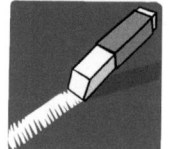

chaki

choko

somo

chidzidzo

sajili

bhuku remazita

uchunguzi

bvunzo

cheti

setifiketi

sare za shule

yunifomu yekuchikoro

elimu

dzidzo

elezo

encyclopedia

chuo kikuu

yunivhesiti

darubini

maikorosikopu

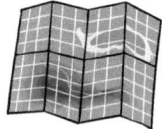

ramani

mepu

kikapu cha kuweka karatasi
chafu

bhini remapepa

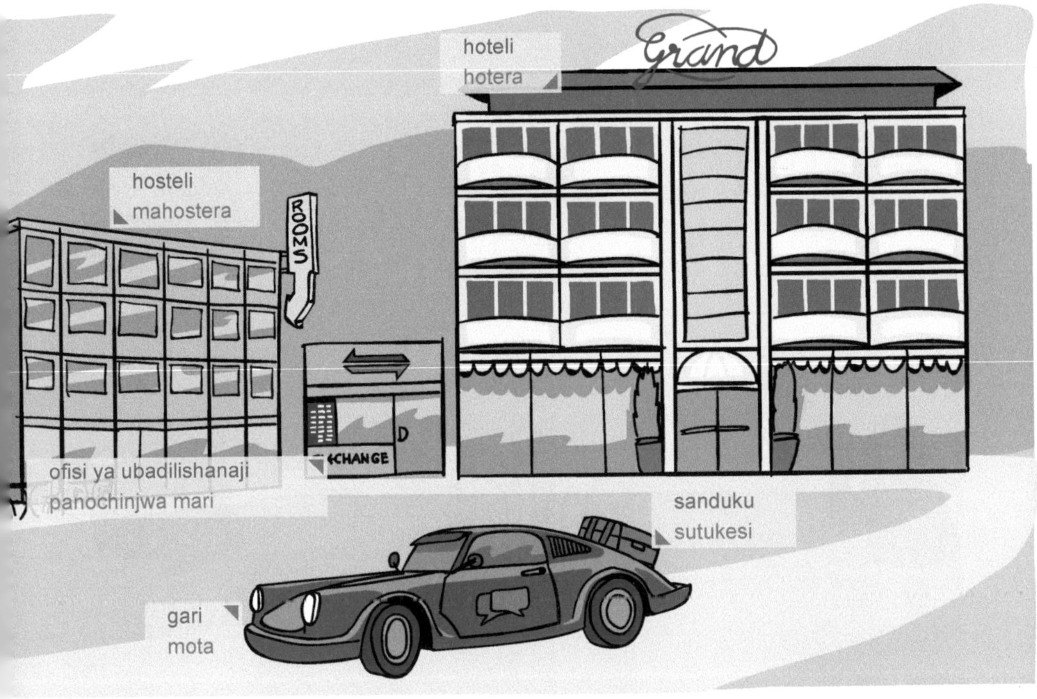

hoteli
hotera
Grand
hosteli
mahostera
ROOMS
ofisi ya ubadilishanaji
panochinjwa mari
CHANGE
sanduku
sutukesi
gari
mota

lugha
mutauro

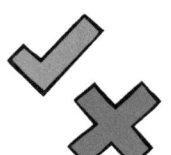

ndiyo / la
hongu / kwete

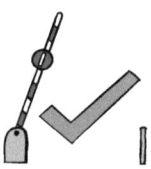

sawa
Zvakanaka

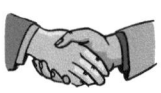

hujambo
hesi

mtafsiri
mushanduri

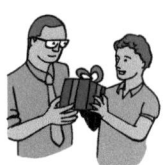

Asante
Mazvita

kiasi gani ni ...?

Imarii... ?

Sielewi

Handisi kunzwisisa

tatizo

dambudziko

Jioni njema!

Manheru!

Habari za asubuhi!

Mangwanani!

Usiku mwema!

Murare zvakanaka

kwa heri

toonana

mwelekeo

mafambiro

mizigo

katundu

mfuko

bhegi

shanta

bhegi rekumusana

mgeni

muenzi

chumba

imba

begi la kulalia

bhegi rekurarira

hema

tendi

taarifa ya utalii

mashoko evafambi

ufuo

mahombekombe

kadi

kadhi rekubhengi

kifunguakinywa

kudya kwemangwanani

chakula cha mchana

kudya kwemasikati

chakula cha jioni

kudya kwemanheru

tiketi

tiketi

kuinua

chikwidzo

muhuri

chitambi

mpaka

muganhu

mila

vanoona nezvekupinda
munyika

ubalozi

vamiriri venyika

visa

vhiza

pasipoti

pasipoti

usafiri

zvifambiso

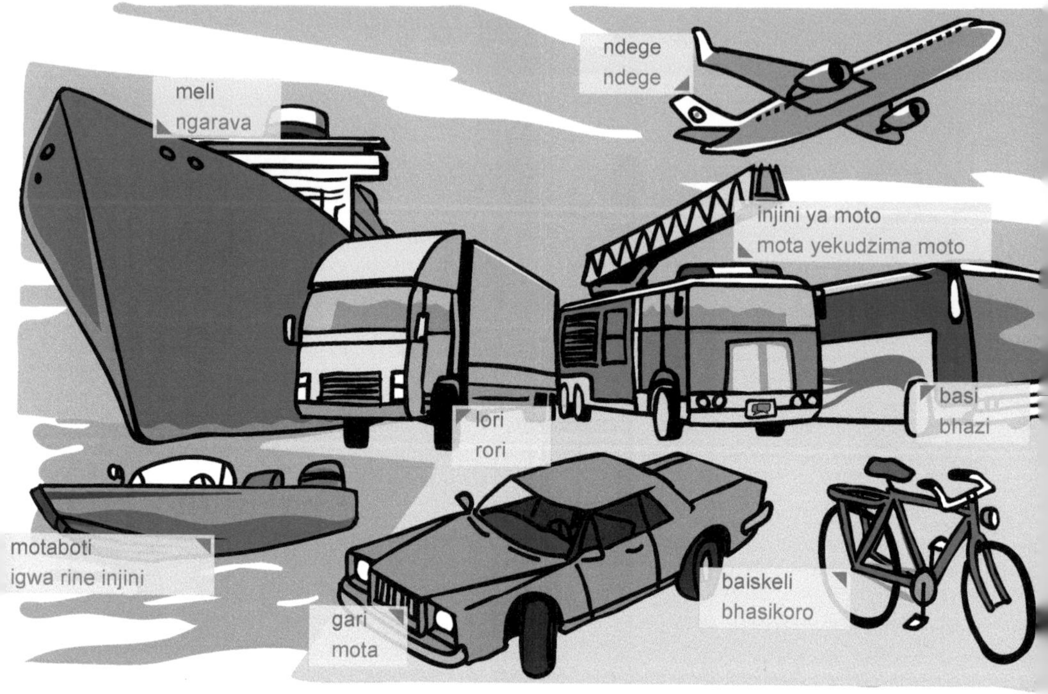

ndege
ndege
meli
ngarava
injini ya moto
mota yekudzima moto
basi
bhazi
lori
rori
motaboti
igwa rine injini
baiskeli
bhasikoro
gari
mota

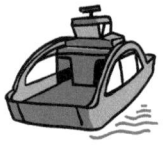

feri
igwa

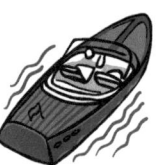

mashua
igwa

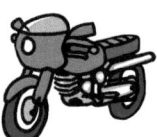

pikipiki
mudhudhudhu

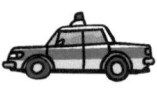

gari la polisi
mota yemapurisa

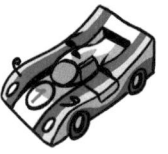

gari la mashindano
mota yemujaho

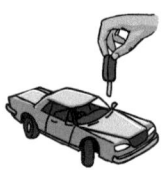

gari la kukodisha
mota yekuhaya

kushiriki gari

kuhaya mota

lori la kuvuta

mota inodhonza dzinenge
dzafa

ukusanyaji taka

mota yemabhini

motor

injini

mafuta

mafuta

kituo cha mafuta

garaji remafuta

ishara trafiki

chikwangwani
chemumugwagwa

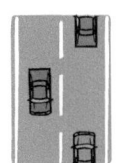

trafiki

mota

msongamano

mota dzakawandisa

maegesho

panopakwa mota

kituo cha treni

chiteshi chezvitima

reli

njanji

garimoshi

chitima

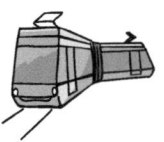

tremu

tram

gari la mizigo

chitima

helikopta

chikopokopo

uwanja wa ndege

nhandare yendege

mnara

nharire

abiria

mufambi

chombo

chikondena

katoni

kadhibhodhi bhokisi

mkokoteni

ngoro

kikapu

bhasiketi

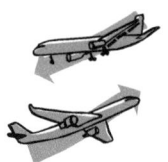

ondoka

simuka / mhara

jiji

guta

kijiji

musha

katikati ya jiji

pakati peguta

nyumba

imba

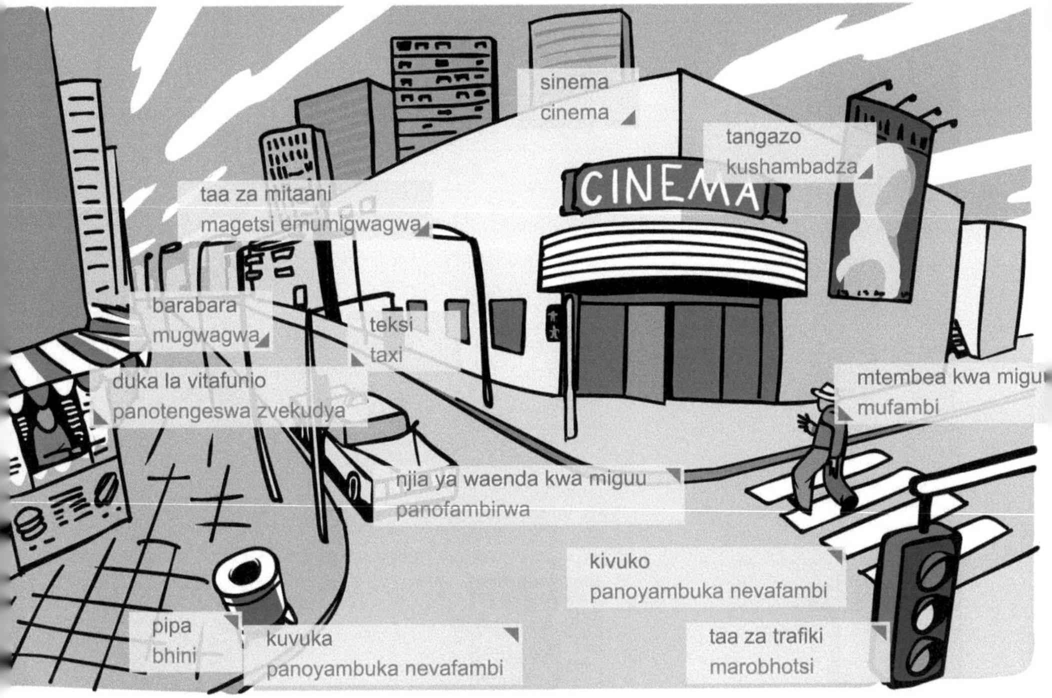
sinema
cinema
tangazo
kushambadza
CINEMA
taa za mitaani
magetsi emumigwagwa
barabara
mugwagwa
teksi
taxi
duka la vitafunio
panotengeswa zvekudya
mtembea kwa migu
mufambi
njia ya waenda kwa miguu
panofambirwa
kivuko
panoyambuka nevafambi
pipa
bhini
kuvuka
panoyambuka nevafambi
taa za trafiki
marobhotsi

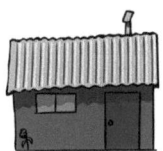

kibanda

imba

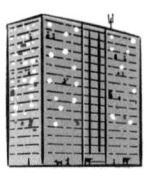

gorofa

mafurati

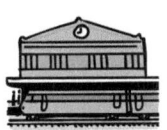

kituo cha treni

chiteshi chezvitima

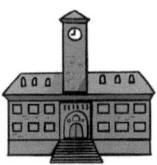

ukumbi wa mji

imba yeguta

MUSEUM

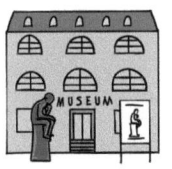

Makavazi

muziyamu

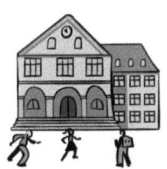

shule

chikoro

chuo kikuu

yunivhesiti

benki

bhengi

hospitali

chipatara

hoteli

hotera

duka la dawa

panotengeswa mishonga

ofisi

hofisi

duka la kitabu

chitoro chemabhuku

duka

chitoro

duka la maua

panotengeswa maruva

dukakuu

supamaketi

soko

musika

idara ya kuhifadhi

chitoro chine
madhipatimendi

mwuza samaki

panotengeswa hove

kituo cha ununuzi

nzimbo ine zvitoro

bandari

chiteshi chengarava

Hifadhi

paki

benki

bhenji

daraja

bhiriji

vidato

masitepisi

chini ya ardhi

nzira inoenda nepasi

handaki

mugwagwa wepasi

kiluo cha mabasi

panokwirirwa mabhazi

bar

bhawa

mgahawa

resitorendi

sanduku la posta

bhokisi retsamba

ishara ya barabara

chikwangwani
chemugwagwa

mita ya maegesho

mita yekupaka

bustani ya wanyama

unochengeterwa mhuka

kidimbwi cha kuogelea

kunotuhwinirwa

msikiti

mosque

shamba
....
purazi

uchafuzi
....
kusvibisa

makaburini
....
kumakuva

kanisa
....
chechi

uwanja wa michezo
....
pekutambira

hekalu
....
temberi

mazingira

mamiriro akaita nzvimbo

jani
shizha

ishara ya mwelekeo
chikwangwani

njia
nzira

malisho
mafuro

jiwe
dombo

mti
muti

mtembeaji wa masafa
mufambi

mto
rwizi

nyasi
uswa

ua
ruva

bonde
mupata

kilima
gomo

ziwa
dhamu

msitu
sango

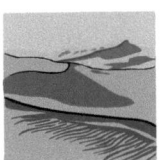

jangwa
gwenga

volkano
chikwatamabwe

ngome
zimba

upinde wa mvua
muraraungu

uyoga
hohwa

mtende
muchindwe

mbu
umhutu

kuruka
nhunzi

chungu
svosve

nyuki
nyuchi

buibui
buve

mende

chipembenene

chura

datya

kuchakuro

tsindi

nungunungu

nungu

sungura

tsuro

bundi

zizi

ndege

shiri

swan

swan

nguruwe mwitu

nguruve yemusango

kulungu

nondo

aina ya kongoni

moose

bwawa

dhamu

tabo ya upepo

injini yemhepo

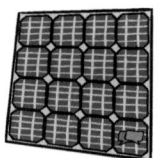

nishaji ya jua

panero rezuva

hali ya hewa

mamiriro ekunze

mgahawa
resitorendi

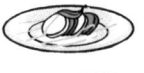

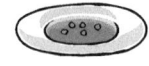

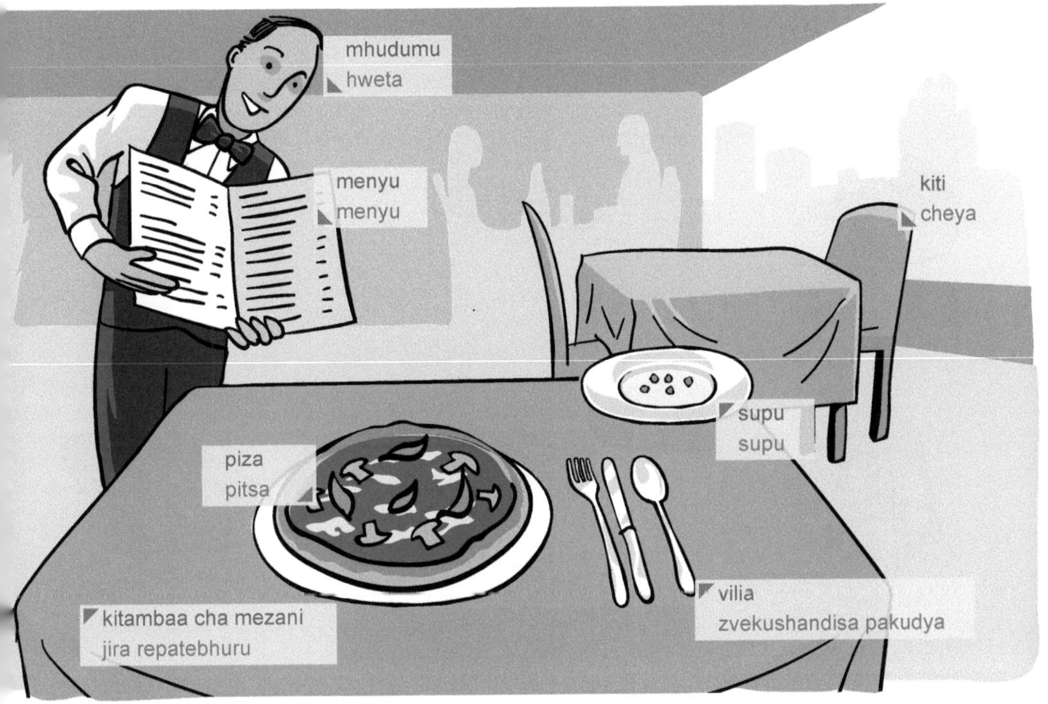
mhudumu
hweta
menyu
menyu
kiti
cheya
supu
supu
piza
pitsa
vilia
zvekushandisa pakudya
kitambaa cha mezani
jira repatebhuru

kiamsha hamu
....
zvekusosa nzara

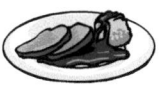

kozi kuu
....
zvekudya

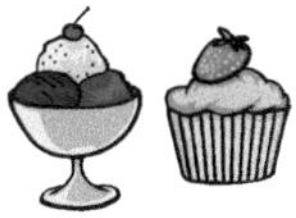

kitindamlo
....
zvekuseredzera

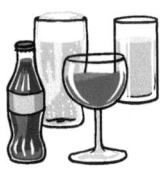

vinywaji
....
zvekunwa

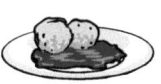

chakula
....
zvekudya

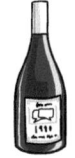

chupa
....
bhodhoro

chakula cha haraka

zvekudya zvisingatori nguva kubika

Streetfood

chikafu chinotengeswa munzira

buli

tipoti

kisanduku cha sukari

gabha reshuga

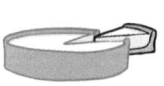

sehemu

chidimbu

mashine ya espresso

muchina wekofi

kiti kirefu

cheya yemwana

muswada

bhiri

trei

tureyi

kisu

banga

uma

forogo

kijiko

chipunu

kijiko cha chai

chipunu

nepi

zvekupukutisa muromo

glasi

girazi

18

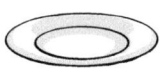

sahani

ndiro

sahani ya supu

ndiro yesupu

sufuria

ndiro

mchuzi

supu

kichanyaji chumvi

chekuisira sauti

kinu cha pilipili

chekugaya mhiripiri

siki

vhiniga

mafuta

mafuta

viungo

masipaisi

kechapu

ketchup

haradali

mustard

kachumbari nzito

mayonaizi

dukakuu
supamaketi

ofa maalum
zvaderedzwa mitengo
FOR
mteja
mutengi
maziwa
zvinogadzirwa nemukaka
matunda
michero
toroli
chingoro

BUTCHERS

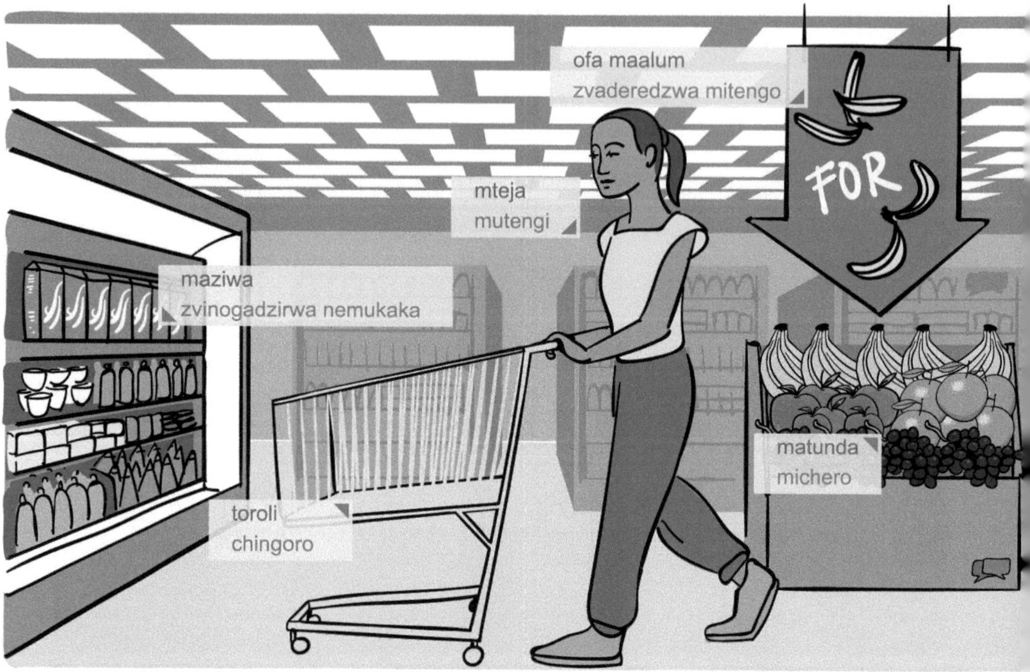

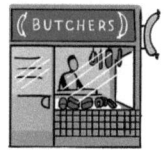

mchinjaji

panotengeswa nyama

BAKERY

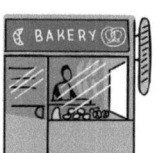

mwokaji

panotengeswa chingwa

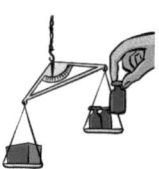

uzito

kuyera

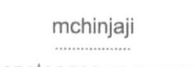

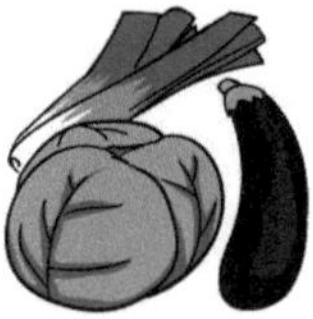

mboga

miriwo

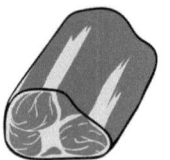

nyama

nyama

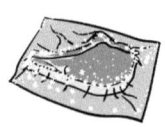

chakula waliohifadhiwa

zvekudya zvakaoma nechando

pande vya nyama baridi

nyama yakatonhora

chakula cha kopo

zvekudya zvemugaba

sabuni ya unga

sipo yeupfu yekuwachisa

pipi

masuwiti

bidhaa za kaya

zvekushandisa mumba

bidhaa za kusafisha

zvekuchenesa nazvo

mtu mauzo

mutengesi

mpaka

tiru

keshia

mutengesi

orodha ya manunuzi

zviri kuda kutengwa

masaa ya ufunguzi

nguva dzekuvhura

mkoba

chikwama

kadi

kadhi rekubhengi

mfuko

bhegi

mfuko wa plastiki

pepa rekuisira

maji

mvura

sharubati

muto wemichero

maziwa

mukaka

coke

coke

mvinyo

waini

bia

doro

pombe

doro

kakao

cocoa

chai

tii

kahawa

kofi

spreso

kofi

kapuchino

cappuccino

ndizi

bhanana

tufaha

apuro

machungwa

orenji

tikiti

nwiwa

lemon

ndimu

karoti

karotsi

kitunguu saumu

gariki

mianzi

mushenjere

kitunguu

hanyanisi

uyoga

hohwa

karanga

nzungu

nudo

manoodle

spageti

spaghetti

mpunga

mupunga

saladi

saradhi

vibanzi

machipisi

viazi vya kukaanga

mbatatisi dzakafuraiwa

piza

pitsa

hambaga

chingwa chakaruma nyama

sandwichi

sangweji

kipande

nhindi

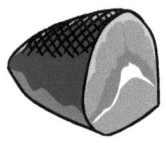

paja la mnyama

ham

salami

salami

soseji

soseji

kuku

huku

choma

gochwa

samaki

hove

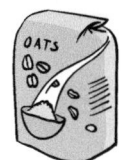

oats ya uji
bota reoats

muesli
muesli

cornflakes
macornflake

unga
furawa

kroisanti
croissant

andazi
chingwa

mkate
chingwa

mkate wa kubanika
chingwa chakagochwa

biskuti
mabhisikiti

siagi
bhata

maziwa mgando
ige

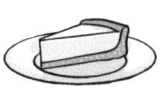

keki
keke

yai
zai

yai kukaanga
zai rakafuraiwa

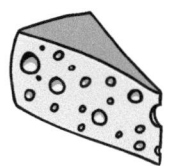

jibini
chizi

chakula - zvekudya

aiskrimu

aizikirimu

sukari

shuga

asali

huchi

jemu

jemu

kuenea kwa chokoleti

chocolate yekuzora

mchuzi wa viungo

curry

shamba
purazi

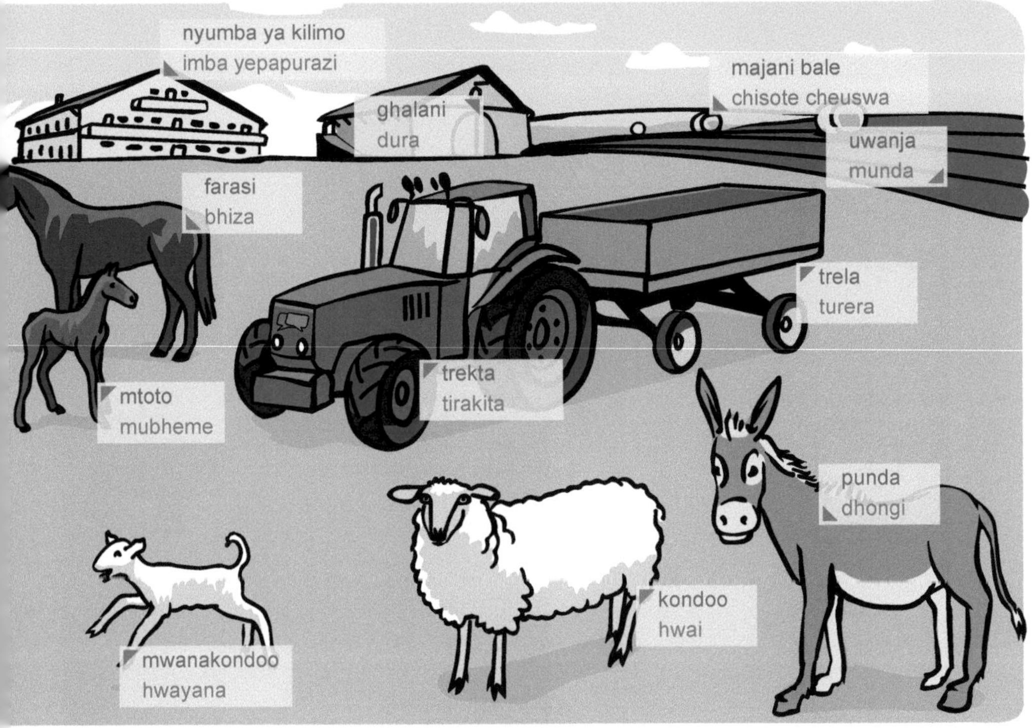
nyumba ya kilimo
imba yepapurazi
ghalani
dura
majani bale
chisote cheuswa
uwanja
munda
farasi
bhiza
trela
turera
trekta
tirakita
mtoto
mubheme
punda
dhongi
kondoo
hwai
mwanakondoo
hwayana

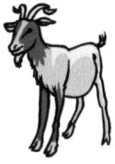

mbuzi
mbudzi

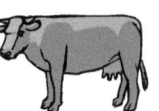

ng'ombe
mhou

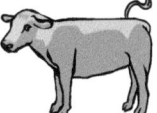

ndama
mhuru

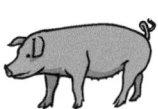

nguruwe
nguruve

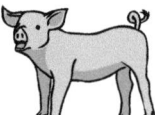

mwananguruwe
chigwi

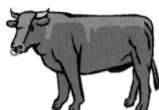

fahali
bhuru

batabukini

dhadha

bata

dhakisi

kifaranga

nhiyo

kuku

tseketsa

jogoo

jongwe

panya

gonzo

paka

katsi

panya

mbeva

ng'ombe

dhonza

mbwa

imbwa

nyumba ya mbwa

imba yembwa

bomba la bustani

pombi yemvura

debe la kumwagilia maji

keni yekudiridzisa

fyekeo

jeko

kulima

gejo

mundu

jeko

jembe

badza

uma wa nyasi

forogo

shoka

demo

toroli

bhara

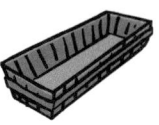

kupitia nyimbo

chidyiro

chombo cha maziwa

bhodhoro remukaka

gunia

saga

ua

fenzi

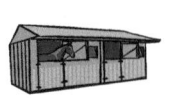

imara

danga

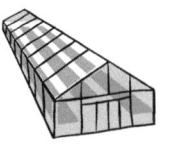

chafu

greenhouse

udongo

ivhu

mbegu

mbeu

mbolea

fetereza

kivunaji

mota yekukohwesa

mavuno

kukohwa

mavuno

gohwo

viazi vikuu

mbatatisi

ngano

gorosi

soya

soya

viazi

mbatatisi

mahindi

chibage

rapa

rapeseed

mti wa matunda

muti wemichero

muhogo

mufarinya

nafaka

mbesa

nyumba
imba

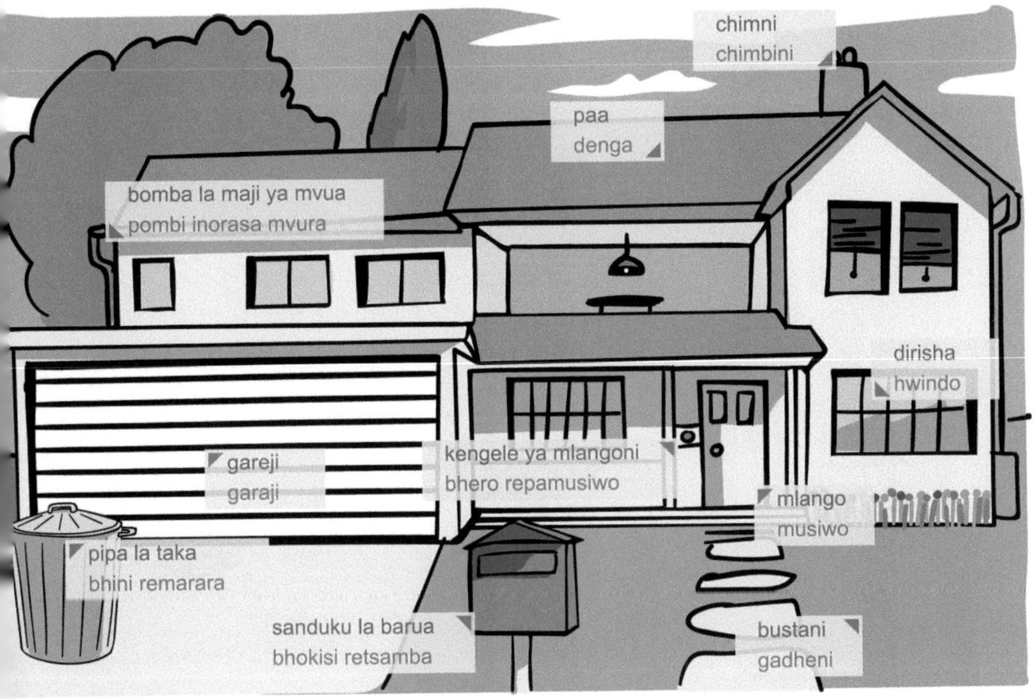

chimni
chimbini
paa
denga
bomba la maji ya mvua
pombi inorasa mvura
dirisha
hwindo
gareji
garaji
kengele ya mlangoni
bhero repamusiwo
mlango
musiwo
pipa la taka
bhini remarara
sanduku la barua
bhokisi retsamba
bustani
gadheni

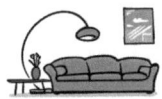

sebuleni

imba yekutandarira

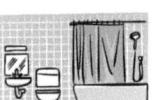

bafu

mekugezera

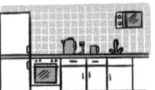

jikoni

kicheni

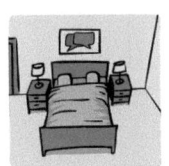

chumba cha kulala

imba yekurara

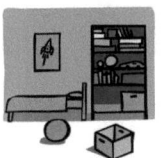

chumba ya mtoto

imba yemwana

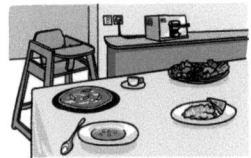

chumba cha kulia

imba yekudyira

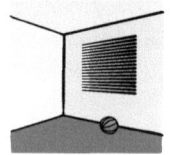

sakafu

uriri

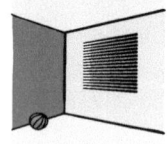

ukuta

madziro

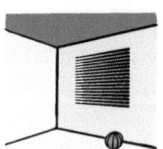

dari

denga

pishi

imba yepasi

sauna

sauna

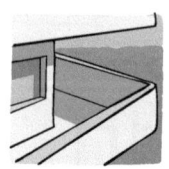

roshani

vharanda repadenga

mtaro

uriri hwepadenga

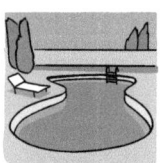

kidimbwi

dziva rekushambira

mashine ya kukata nyasi

muchina wekuchekesa
uswa

karatasi

jira

kitambaa cha kupamba
kitanda

chekufukidza mubhedha

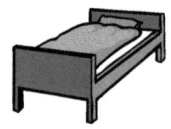

kitanda

mubhedha

ufagio

bhurumu

ndoo

bhaketi

kubadili

suwichi

sebuleni

imba yekutandarira

mandhari
pepa remadziro
picha
pikicha
taa
rambi
rafu
sherufu
kabati
kabhati
televisheni/runinga
TV
mekoni
nzvimbo yemoto
ua
ruva
mto
kusheni
sofa
sofa
chombo cha maua
vhazi
kitenzambali
rimoti

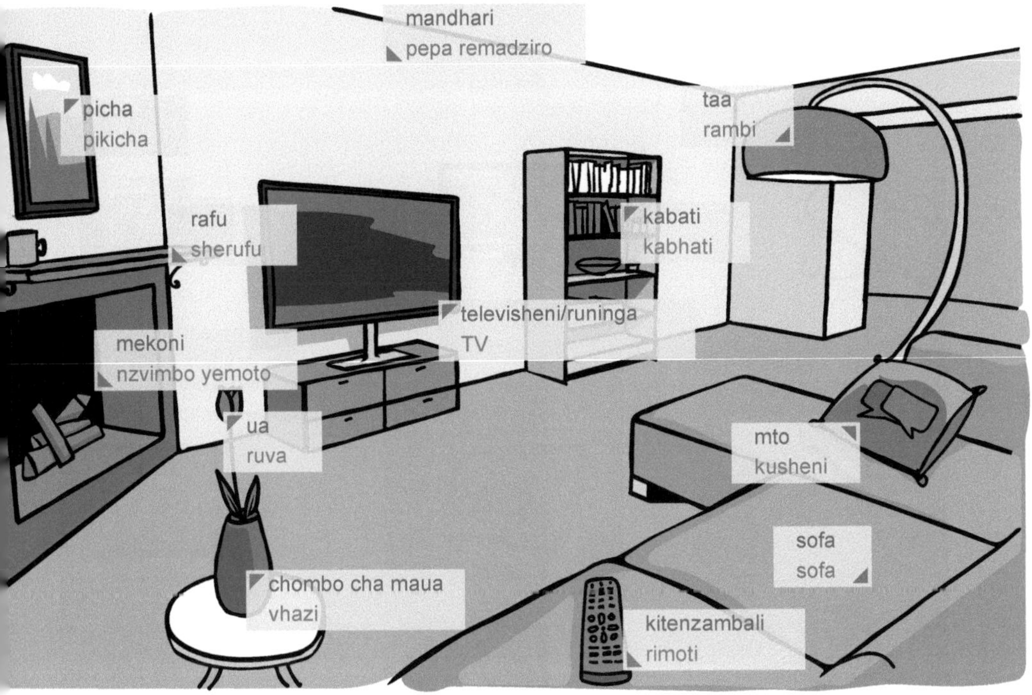

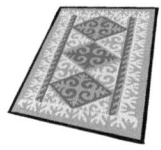

zulia

kapeti

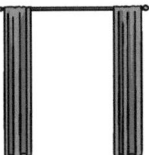

pazia

keteni

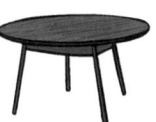

meza

tebhuru

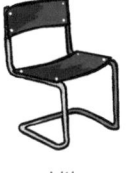

kiti

cheya

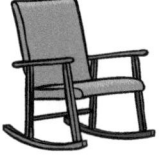

kiti cha bembea

cheya inozeya

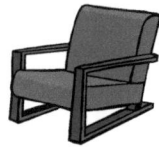

armchair

cheya ine pekuisa maoko

kitabu

bhuku

blanketi

gumbeze

mapambo

marongedzero

kuni

huni

filamu

firimu

kifaa cha hi-fi

redhiyo yehi-fi

ufunguo

kii

gazeti

pepanhau

uchoraji

mufananidzo

bango

posita

redio

redhiyo

daftari

pekunyorera

kifyonza

muchina wekuhuvhisa

dungusi kakati

chinanazi

mshumaa

kenduru

jikoni
kicheni

jokofu
firiji
kikanza
maikorowevhi
wadogo jikoni
chikero chemukicheni
kibaniko
chekugochesa chingwa
sabuni
sipo
stovu
ovheni
friza
firiji
pipa la taka
bhini remarara
mashine ya kuoshea vyombo
sipo yendiro

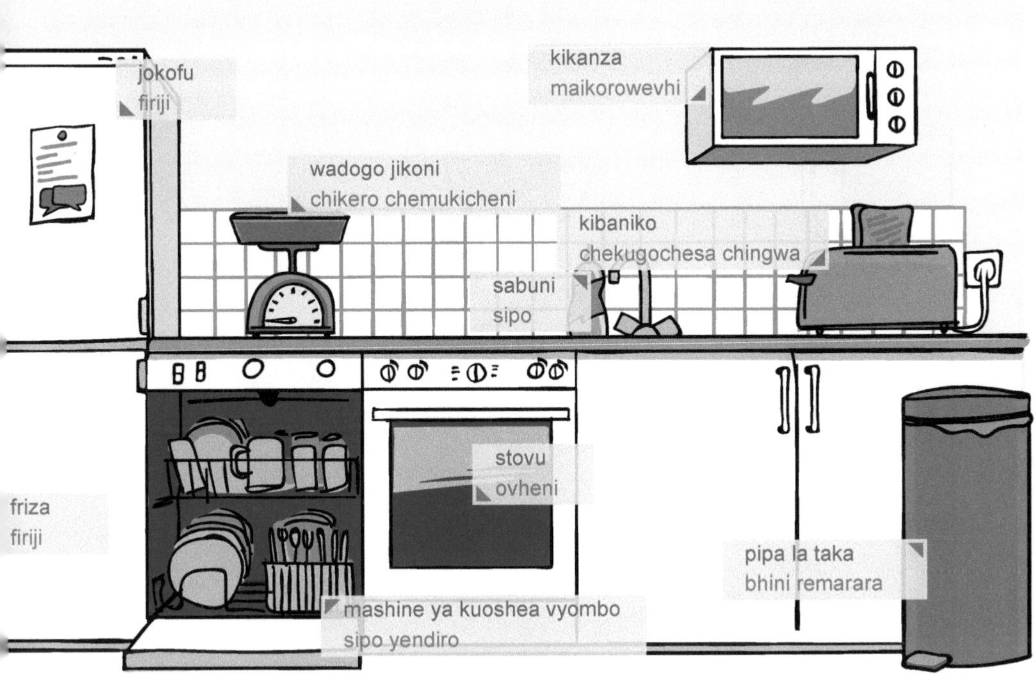

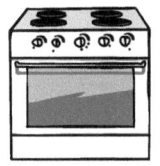

jiko la kupika

chitofu

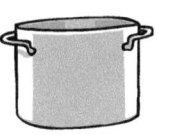

chungu

poto

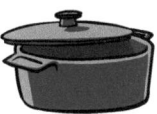

sufuria ya chuma

poto yesimbi

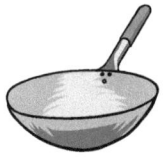

wok / kadai

wok / kadai

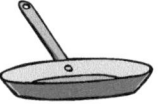

kaango

pani

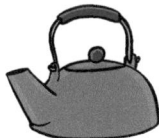

birika

ketero

stima

chekubikisa neutsi hwemvura

sinia ya kuoka

turei yekubhekesa

vyombo vya udongo

ndiro

kombe

kapu

bakuli

dishi

vijiti vya kulia

tumiti twekudyisa

ukawa

chipunu

mwiko mpana

chipunu

burashi

chekusanganisisa

kichujio

chekukunisa

chujio

chekukunisa

mbuzi

chekugiretesa

chokaa

duri

barbeque

chiwaya

moto wazi

moto

ubao wa majaribio

chekuchekera

kijiti cha kusukuma unga

chekutsimbiririsa
mukanyiwa

kizibuo

chekuvhurisa mabhodhoro
ewaini

kopo

tini

inaweza kopo

chekuvhurisa tini

kishikio cha chungu

girovhosi rekubatisa
zvinopisa

karo

singi

brashi

bhurasho

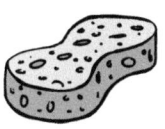

sifongo

chipanji

kisagaji matunda

chinosanganisa

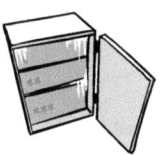

friji ya kina

firiji

chupa ya mtoto

bhodhoro remwana

bomba

pombi

bafu

mekugezera

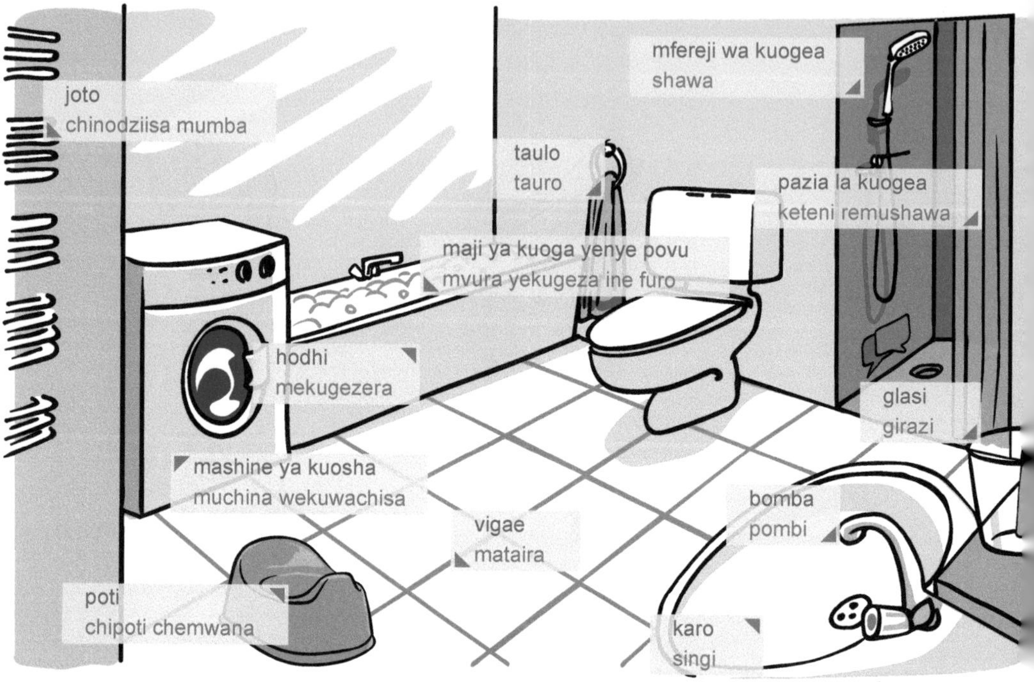

joto
chinodziisa mumba

mfereji wa kuogea
shawa

taulo
tauro

pazia la kuogea
keteni remushawa

maji ya kuoga yenye povu
mvura yekugeza ine furo

hodhi
mekugezera

glasi
girazi

mashine ya kuosha
muchina wekuwachisa

vigae
mataira

bomba
pombi

poti
chipoti chemwana

karo
singi

choo

toireti

choo cha squat

toireti yegomba

beseni la mviringo

chemba

choo cha umma

chekuitira weti chevarume

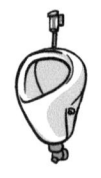

shashi

pepa remutoireti

brashi ya choo

bhurasho remutoireti

mswaki

bhurasho remazino

dawa ya meno

mushonga wemazino

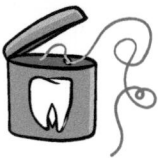

dawa ya meno

tambo yekugezesa mazino

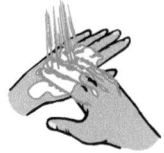

safisha

kugeza

kuoga mkono

shawa yekuita zvekubata

msukumo wa maji

douche

bonde

bheseni

mpako wa pili

bhurasho remusoro

sabuni

sipo

jeli ya kuogea

o yekugezesa mushawa

shampuu

shambuu

flana

chekugezesa

toa maji

dhireni

krimu

mafuta

kiondoa harufu

chinonhuwirira

kioo

girazi

kioo mkono

girazi remumaoko

kinyozi

chekugeresa ndebvu

povu la kunyoa

furo rekugeresa ndebvu

baada ya kunyoa

mafuta ekuzora wagera
ndebvu

kichana

kamu

brashi

bhurasho

kikausha nywele

chekuomesa bvudzi

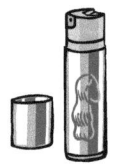

marashi ya nyewele

mushonga wekupfapfaidza
musoro

vipodozi

zvekupodesa

kidomwa

chekupendesa muromo

varnish ya msumari

chekupendesa nzara

pamba

donje

mkasi wa kucha

chigero chenzara

manukato

pefiyumu

bafu - mekugezera

mkoba wa kuosha

bhegi rezvekugezesa

kinyesi

chituro

mizani

chikero

nguo ya kuoga

bathrobe

glavu za mpira

magirovhosi erabha

kisodo

tampon

sodo

pedhi

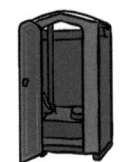

kemikali choo

toireti inotakurwa

chumba ya mtoto

imba yemwana

saa ya kengele
wachi
kidoli cha kupakata
chitoyi chekurara nacho
gari bandia
mota yekutambisa
kelele
hosho
chumba cha midoli
kamba kezvidhori
sasa
chipo

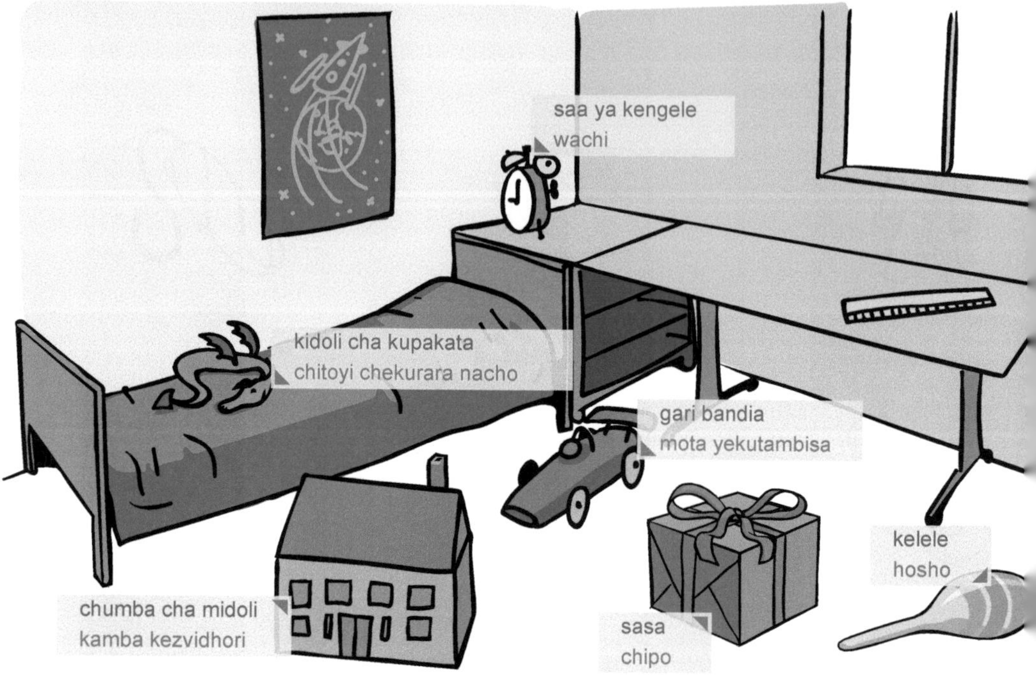

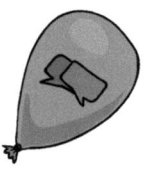

baluni

chibharuma

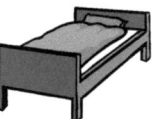

kitanda

mubhedha

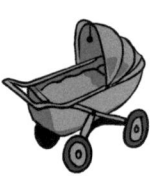

mashua

purema

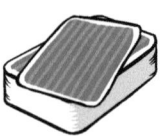

staha ya kadi

makadhi ekutamba

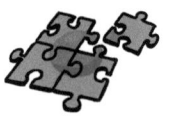

mchezo-fumb

puzzle

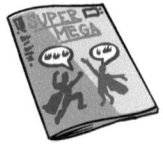

vichekesho

makatuni ekuverenga

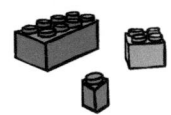

matofali lego

zvekuvakisa zvinhu

vitalu mwigo

mabhuroko ekuvakisa

hatua takwimu

chidhori

suti ya kulalia

babygrow

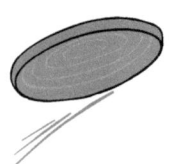

kisahani

chekutambisa uchikanda

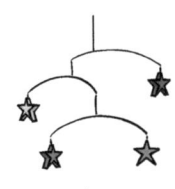

simu

zvekuvaraidza mwana

ubao wa michezo

gemu rinotambirwa
pabhodhi

kete

dhaisi

garimoshi mwigo

zvitima zvekutambisa

dummy

chidhami

chama

mabiko

picha kitabu

bhuku remapikicha

mpira

bhora

kikaragosi

chidhori

kucheza

kutamba

shimo la mchanga

majecha ekutambira

bembea

muzeerere

vitu bandia

zvekutambisa

kiweko cha video ya
mchezo

chekutambisa magemu
emavhidhiyo

baiskeli ya magurudumu

kabhasikoro kemavhiri
matatu
matatu

mwanasesere

teddy bear

kabati

wadhiropu

nguo

zvipfeko

soksi

masokisi

stokingi

masokisi

kibano

matirauzi anobata muviri

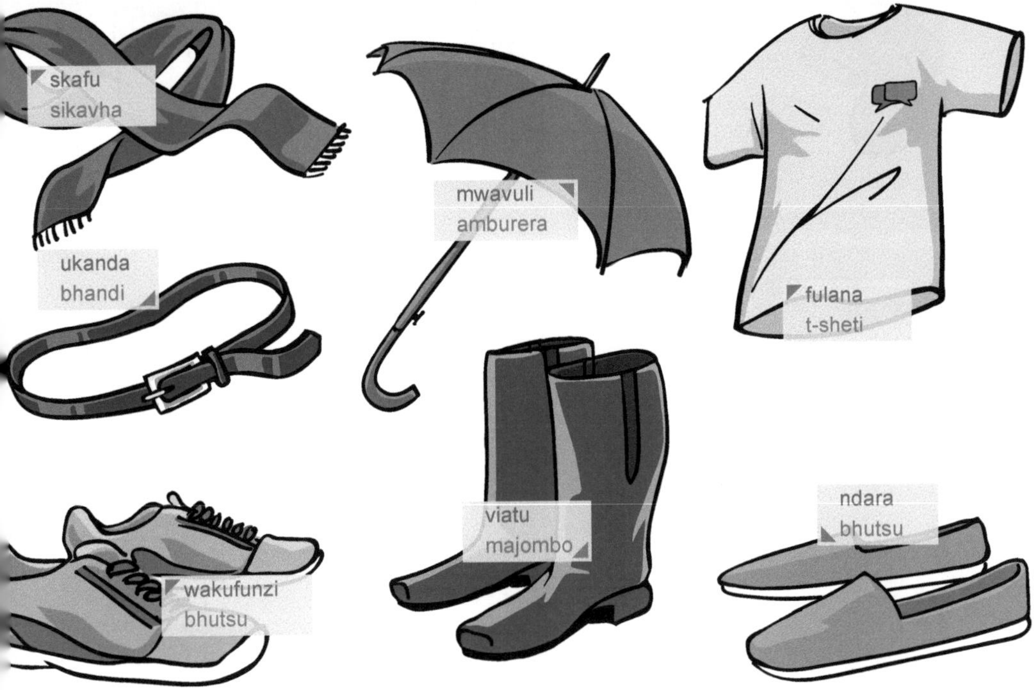

skafu
sikavha

mwavuli
amburera

ukanda
bhandi

fulana
t-sheti

viatu
majombo

ndara
bhutsu

wakufunzi
bhutsu

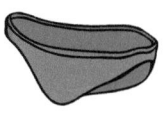

malapa
masanduru

viatu
bhutsu

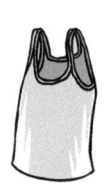

mabuti ya mpira
magambutsu

suruali ya ndani
nduwe

sidiria
bhodhi

fulana
vhesi

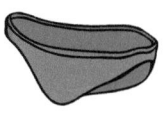

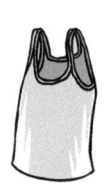

nguo - zvipfeko

mwili

muviri

suruali

tirauzi

dangirizi

jini

sketi

siketi

blauzi

bhurauzi

shati

hembe

vuta

bhachi

sweta

chibhachi

bleza

bhachi

jaketi

bhachi

koti

jasi

koti la mvua

renikoti

maleba

koshitomu

gauni

dhirezi

mavazi ya harusi

dhirezi remuchato

suti
....
sutu

vazi la usiku
....
hembe yekurarisa

pajama
....
mapijama

sari
....
chari

skafu
....
headscarf

kilemba
....
heti

burka
....
burqa

kaftan
....
kaftan

abaya
....
abaya

vazi la kuogelea
....
hembe yekutuhwinisa

vazi la kiume la kuogelea
....
chikabudura

kaptura
....
chikabudura

teitei
....
tirekisutu

aproni
....
apuroni

glavu
....
magirovhosi

kifungo

bhatani

glasi

magirazi

bangili

bhenguru

mkufu

chuma

pete

rin'i

herini

mhete

kofia

kepisi

kiango cha koti

hen'a

kofia

heti

tai

tai

zipu

zipi

kofia

herumeti

kanda za suruali

mabhandi

sare za shule

yunifomu yekuchikoro

sare

yunifomu

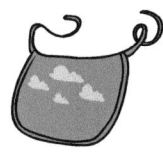

bibu

chibhibhi

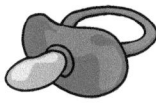

dummy

chidhami

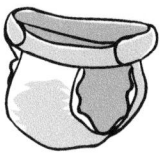

nepi

napukeni

ofisi

hofisi

seva
server
kabati la kuweka faili
kabhineti
kichapishaji
muchina wekuprindisa
karatasi
epa
kiwambo
sikirini
dawati
tafura
kipanya
mouse
folda
fayera
kibodi
keyboard
ha kuweka karatasi chafu
apepa
kompyuta
kombiyuta
kiti
cheya

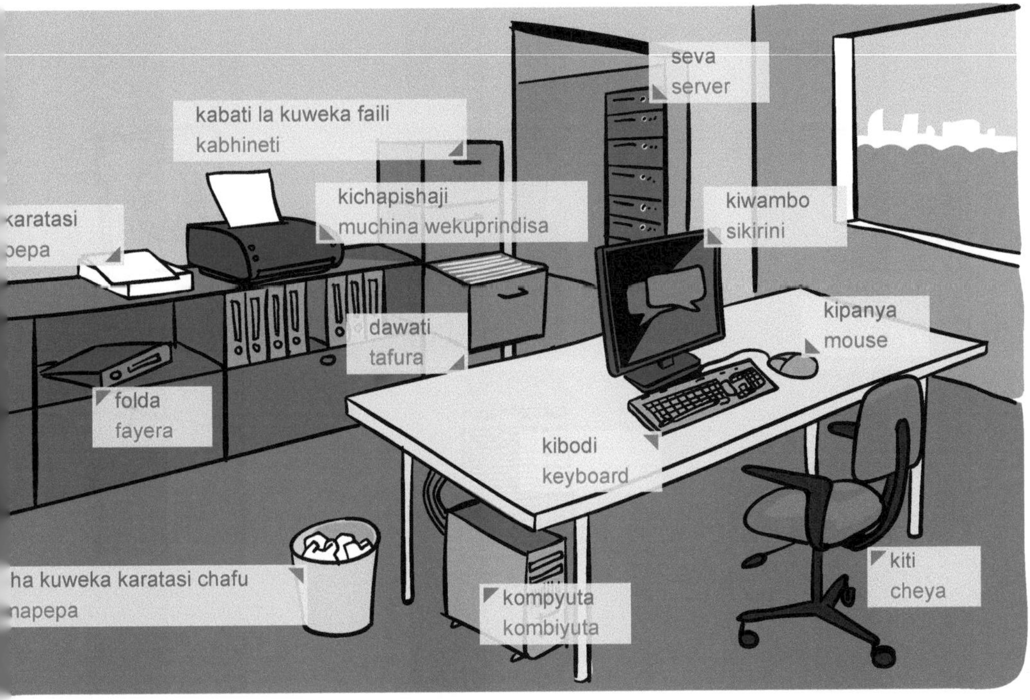

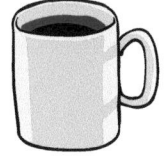

kmobe la kahawa

kapu yekofi

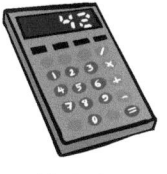

kikokotoo

kakureta

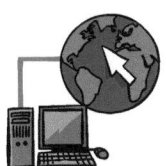

biashara

indaneti

mbali

laptop

barua

tsamba

ujumbe

tsamba

rununu

serura

intaneti

network

fotokopia

muchina wekufotokopesa

programu

software

simu

foni

soketi

pekupfekera magetsi

kipepesi

muchina wefax

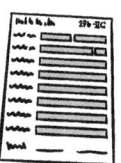

fomu

fomu

hati

gwaro

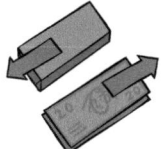

kununua
kutenga

kulipa
kubhadhara

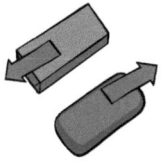

biashara
kutengesa

fedha
mari

USD

dola
Dhora

EUR

yuro
Euro

JPY

yeni
Yen

RUB

rouble
rouble

CHF

faranga ya Uswisi
Swiss franc

CNY

renminbi yuan
renminbi yuan

INR

rupia
rupee

eneo la kulipia
panobhadharwa

ofisi ya ubadilishanaji
panochinjwa mari

dhahabu
goridhe

fedha
sirivha

mafuta
mafuta

nishati
magetsi

bei
mutengo

mkataba
chibvumirano

kodi
mutero

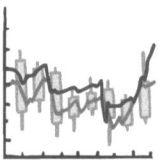

bidhaa
masitoku

kazi
kushanda

mfanyakazi
mushandi

mwajiri
mushandirwi

kiwanda
fekitari

duka
chitoro

uchumi - mamiriro eupfumi

kazi
mabasa

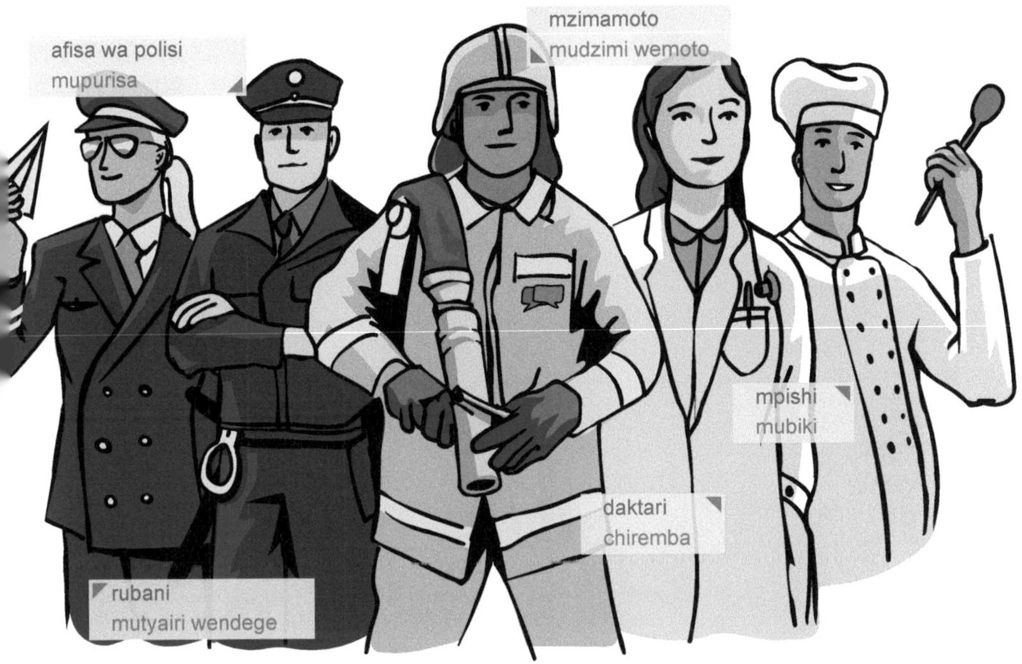
mzimamoto
mudzimi wemoto
afisa wa polisi
mupurisa
mpishi
mubiki
daktari
chiremba
rubani
mutyairi wendege

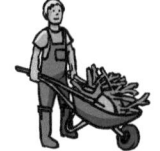

mtunza bustani

ushandi wemugadheni

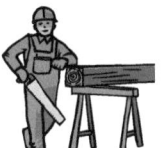

seremala

muvezi

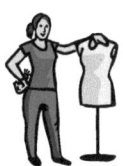

mshonaji

mukadzi anosona

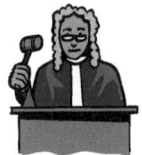

hakimu

mutongi

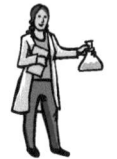

mwanakemia

anoita zvemishonga

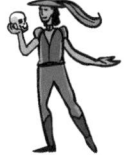

muigizaji

ekita

dereva wa basi

mutyairi webhazi

dereva wa teksi

mutyairi wetaxi

mvuvi

muredzi

mwanamke wa kusafisha

mudzimai anochenesa

mwezekaji

anogadzira denga

mhudumu

hweta

mwindaji

muvhimi

mchoraji

anopenda

mwokaji

mubiki wechingwa

umeme

mugadziri wemagetsi

mjenzi

muvaki

mhandisi

injiniya

mchinjaji

mushandi wemubhucha

fundi bomba

puramba

mwanaposta

positimeni

mwanajeshi

musoja

msanifu majengo

anoita mapurani edzimba

keshia

mutengesi

muuza maua

mugadziri wemaruva

msusi

mugadziri wemusoro

kondakta

kondakita

mekanika

makanika

nahodha

kaputeni

daktari wa meno

chiremba wemazino

mwanasayansi

musayindisti

rabbi

rabbi

imamu

imam

mtawa

mumonk

kasisi

mufundisi

zana
maturusi

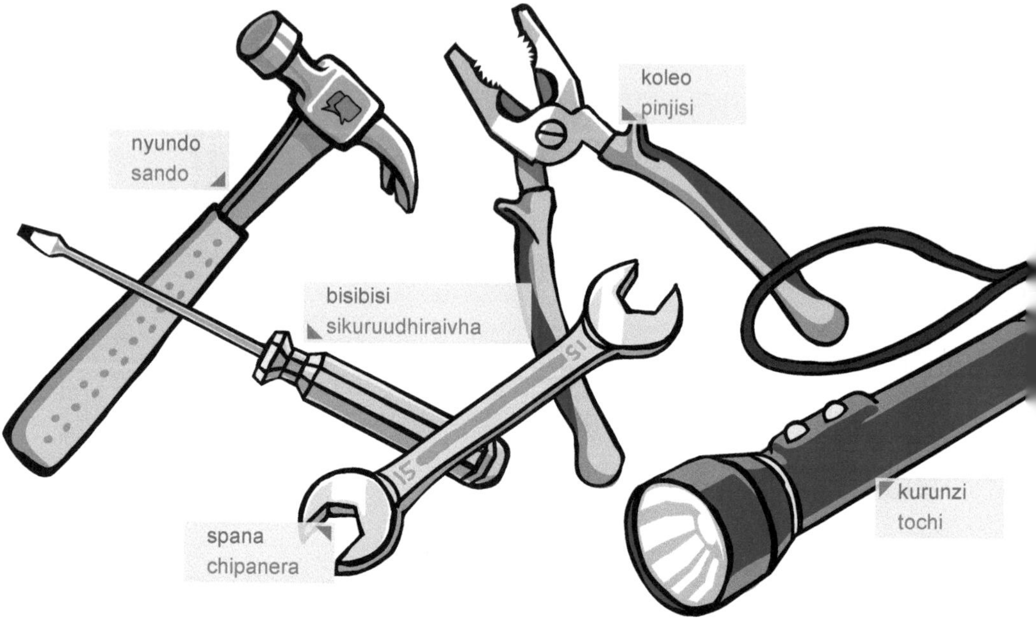
nyundo
sando
koleo
pinjisi
bisibisi
sikuruudhiraivha
spana
chipanera
kurunzi
tochi

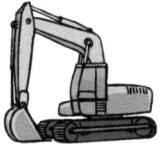

mchimbaji

chikatapira

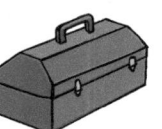

sanduku la vifaa

bhokisi rematurusi

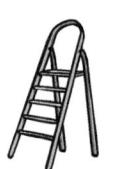

ngazi

manera

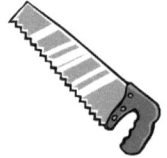

msumeno

saha

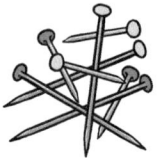

misumari

zvipikiri

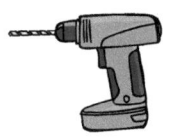

kuchimba visima

chibooreso

kukarabati

kugadzira

sepetu

foshoro

Lo!

Nxa!

kishikio cha uchafu

chidyoreso

chungu cha rangi

gaba rependi

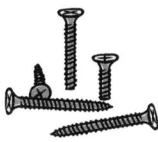

skurubu

masikuruu

ala za muziki
zviridzwa

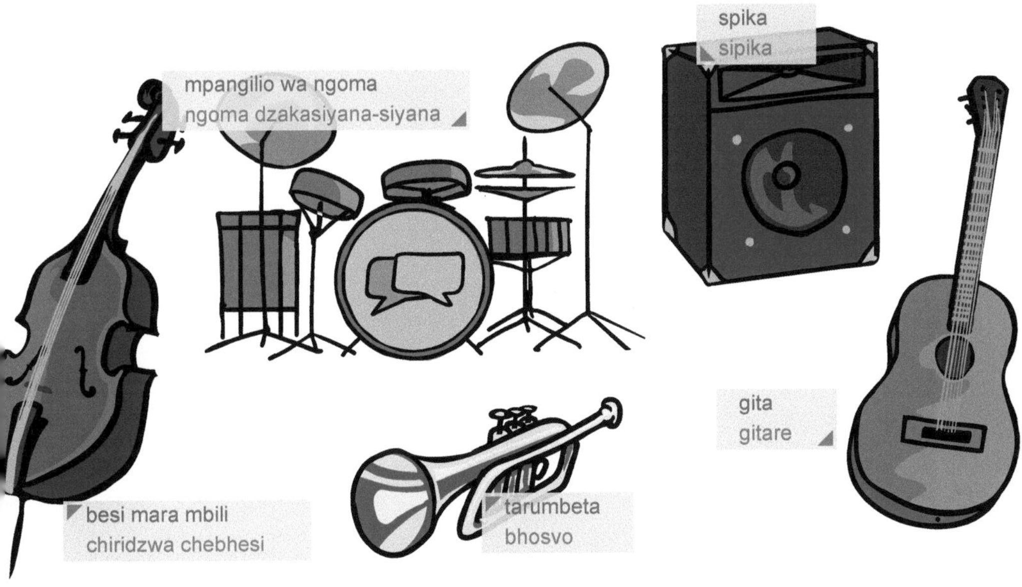

spika
sipika

mpangilio wa ngoma
ngoma dzakasiyana-siyana

besi mara mbili
chiridzwa chebhesi

tarumbeta
bhosvo

gita
gitare

piano
piyano

fidla
violin

ubeji
gitare rebhesi

timpani
ngoma

ngoma
ngoma

kibodi
piyano yemagetsi

saksafoni
saxophone

filimbi
nyere

maikrofoni
maikorofoni

bustani ya wanyama

munochengeterwa mhuka

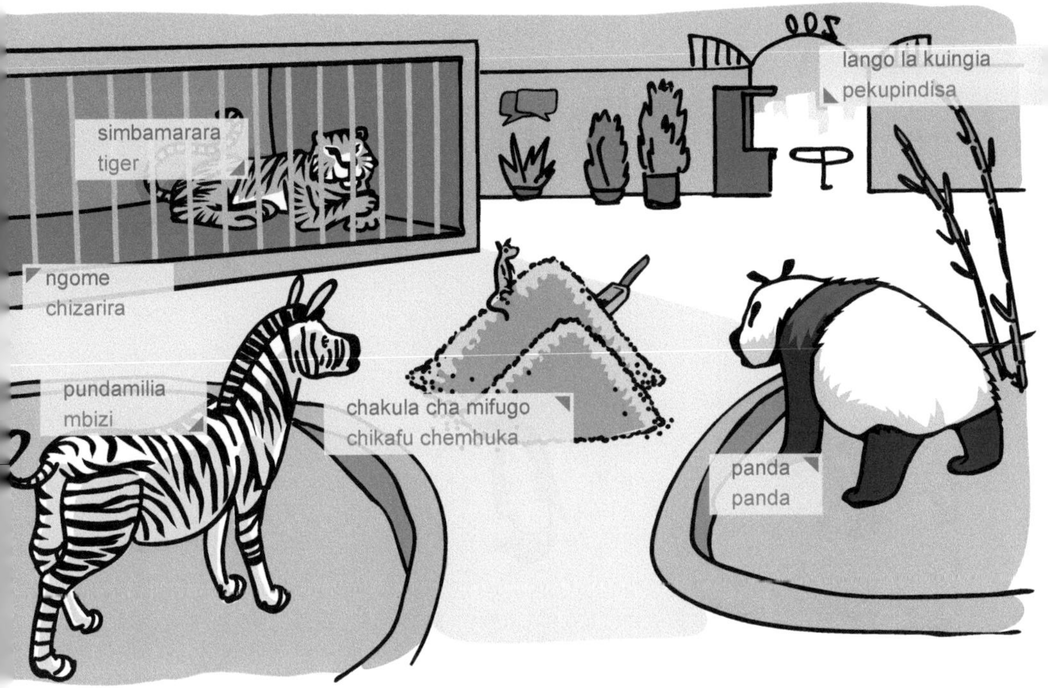
zoo
lango la kuingia
pekupindisa
simbamarara
tiger
ngome
chizarira
pundamilia
mbizi
chakula cha mifugo
chikafu chemhuka
panda
panda

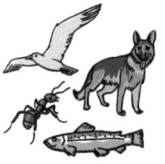

wanyama

mhuka

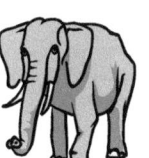

tembo

nzou

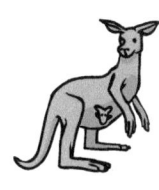

kangaruu

kangaruru

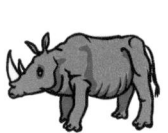

kifaru

chipembere

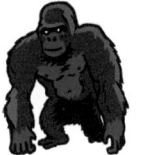

sokwe

gorilla

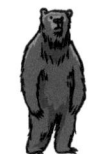

dubu

bear

ngamia

ngamera

mbuni

mhou

simba

shumba

tumbili

tsoko

heroe

flamingo

kasuku

parrot

dubu

bear rekuchando

penguini

penguin

papa

shark

tausi

pikoko

nyoka

nyoka

mamba

garwe

mtunza wanyama

muchengeti wenzvimbo
yemhuka

muhuri

seal

jaguar

jaguar

mwanafarasi

nyurusi

chui

ingwe

kiboko

mvuu

twiga

twiza

tai

gondo

nguruwe mwitu

nguruve yemusango

samaki

hove

kobe

kamba

sili

walrus

mbweha

gava

paa

nhoro

soka ya marekani
bhora rekuAmerica

uendeshaji baiskeli
kuchovha

tenisi
tenisi

mpira wa kikapu
bhora rebhasiketi

kuogelea
kutuhwina

magongo ya barafuni
hockey yemuchando

ndondi
tsiva

soka
nhabvu

vinyoya
badminton

riadha
zvekumhanya

mpira wa mikono
bhora remaoko

skii
kuita ski

polo
polo

shughuli

mabasa

cheka
kuseka
uruka
usvetuka
kumbatia
kumbundira
kutembea
kufamba
kuimba
kuimba
ota ndoto
kurota
kuomba
kunyengetera
busu
kutsvoda

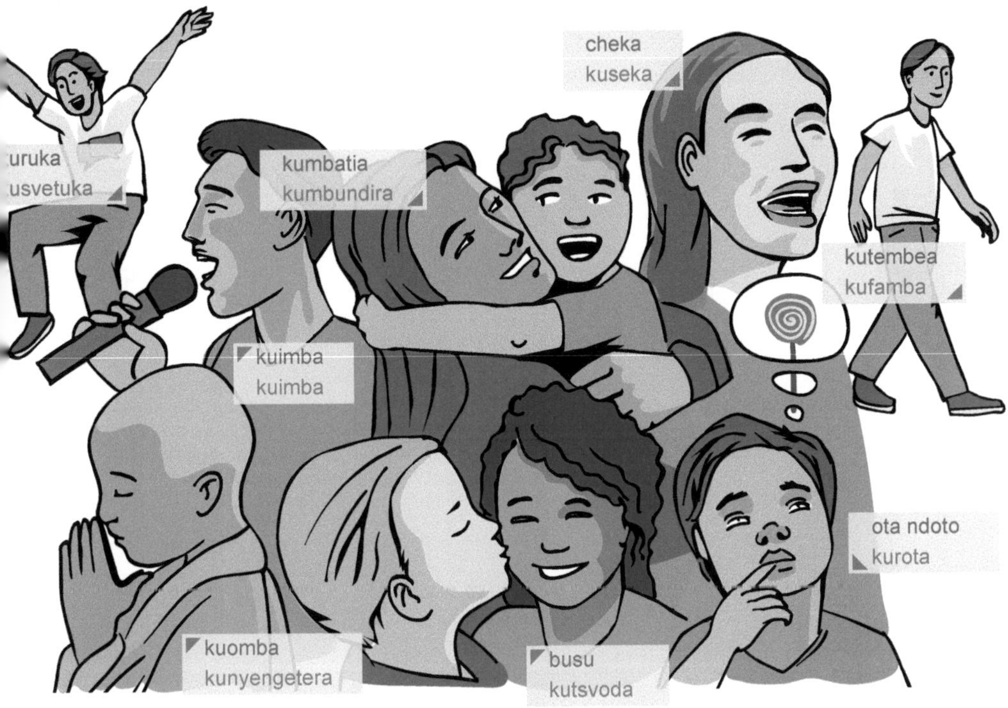

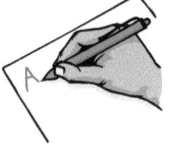

kuandika

nyora

kuteka

kudhirowa

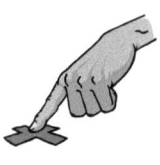

angalia

kuratidza

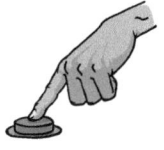

sukuma

kusunda

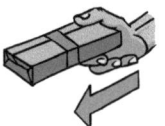

kutoa

kupa

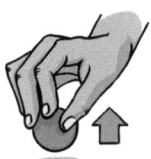

kuchukua

kutora

kuwa

kuva ne

fanya

kuita

kuwa

kuva

kusimama

kumira

kukimbia

kumhanya

vuta

kudhonza

kutupa

kukanda

kuanguka

kudonha

hadaa

kurara

kusubiri

kumirira

kubeba

kutakura

kukaa

kugara

vaa nguo

kupfeka

usingizi

kurara

kuamka

kumuka

kuangalia

kutarisa

lia

kuchema

kiharusi

kupuruzira

chana nywele

kukama

ongea

kutaura

kuelewa

kunzwisisa

kuuliza

kubvunza

kusikiliza

kuteerera

kunywa

kunwa

kula

kudya

nadhifisha

kuchenesa

upendo

kuda

mpishi

kubika

gari

kutyaira

kuruka

kubhururuka

meli

kufambiswa nemhepo

kokotoa

kakureta

kusoma

kuverenga

kujifunza

kudzidza

kazi

kushanda

kuoa

kuroora / kuroorwa

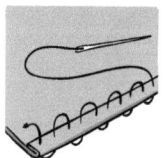

kushona

kusona

piga mswaki

kukwesha mazino

kuua

kuuraya

moshi

kuputa

kutuma

kutumira

bibi
ambuya

babu
sekuru

baba
baba

mama
amai

mtoto
mwana

binti
mwanasikana

bin
mwanakomana

mgeni

muenzi

shangazi

tete

mjomba

sekuru

kaka

hanzvadzikomana

dada

hanzvadzisikana

mwili

muviri

paji la uso
huma
jicho
ziso
bega
bendekete
kidole
munwe
uso
chiso
kidevu
chirebvu
mkono
ruoko
mguu
gumbo
matiti
chipfuva
mkono
ruoko

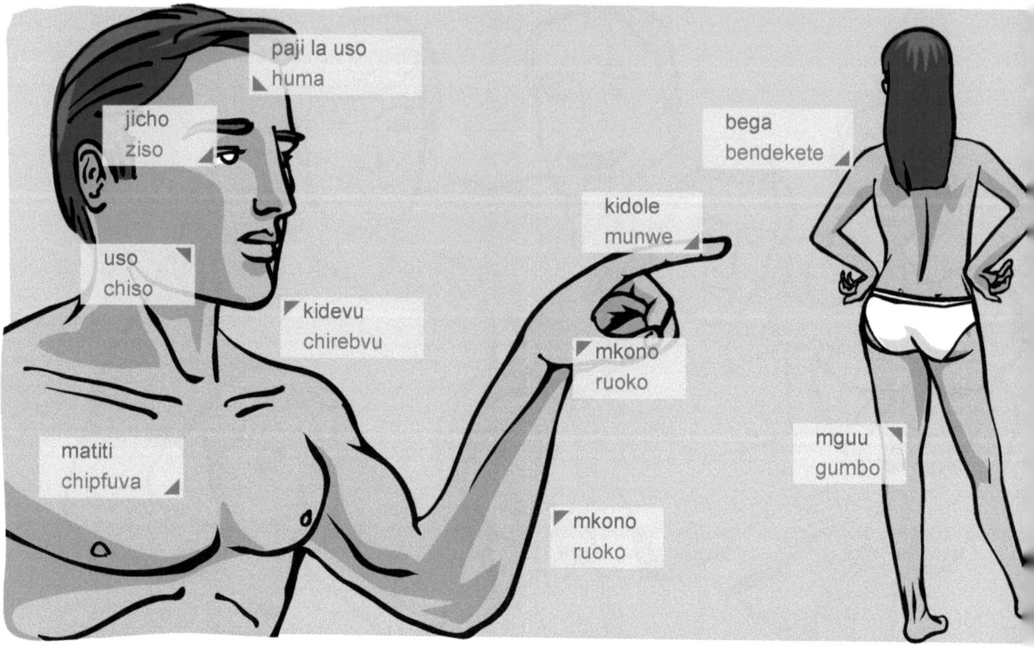

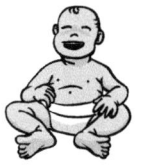

mtoto
mwana

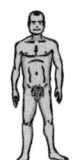

mwanamume
murume

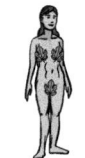

mwanamke
mukadzi

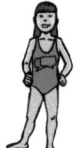

msichana
musikana

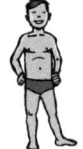

mvulana
mukomana

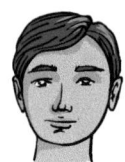

kichwa
musoro

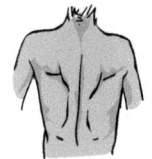

nyuma

musana

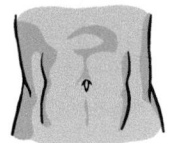

tumbo

dumbu

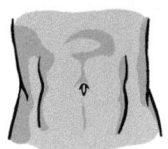

kitovu

guvhu

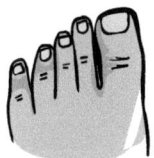

chano

chigunwe

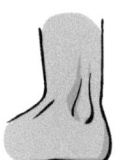

kisigino

chitsitsinho

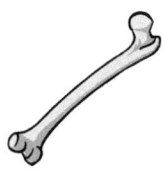

mfupa

bhonzo

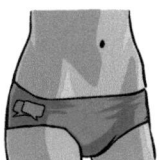

nyonga

hudyu

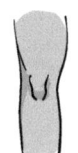

goti

ibvi

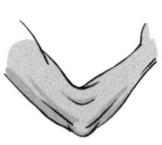

kiwiko

gokora

pua

mhino

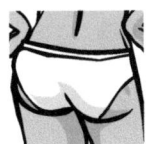

chini

garo

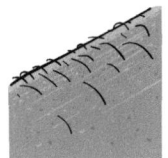

ngozi

ganda

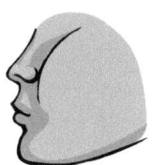

shavu

dama

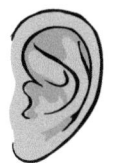

sikio

nzeve

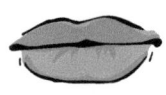

mdomo

muromo

mwili - muviri

kinywa

mukanwa

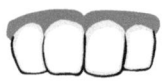

jino

zino

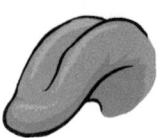

ulimi

rurimi

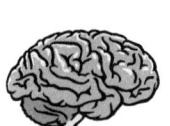

ubongo

uropi

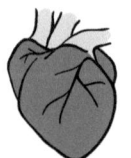

moyo

mwoyo

misuli

tsandanyama

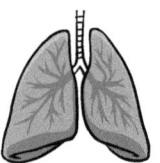

pafu

bapu

ini

chitaka

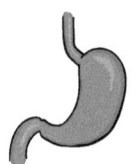

tumbo

dumbu

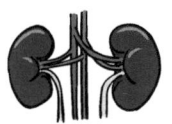

figo

itsvo

jinsia

kuita bonde

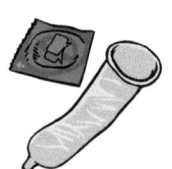

kondomu

kondomu

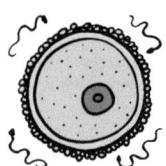

ovari

zai

shahawa

urume

mimba

nhumbu

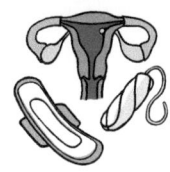

hedhi

kuenda kumwedzi

uke

sikarudzi

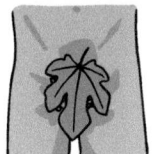

uume

mboro

unyusi

tsiye

nywele

bvudzi

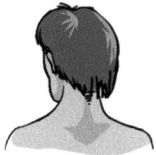

shingo

mutsipa

mwili - muviri

hospitali
chipatara

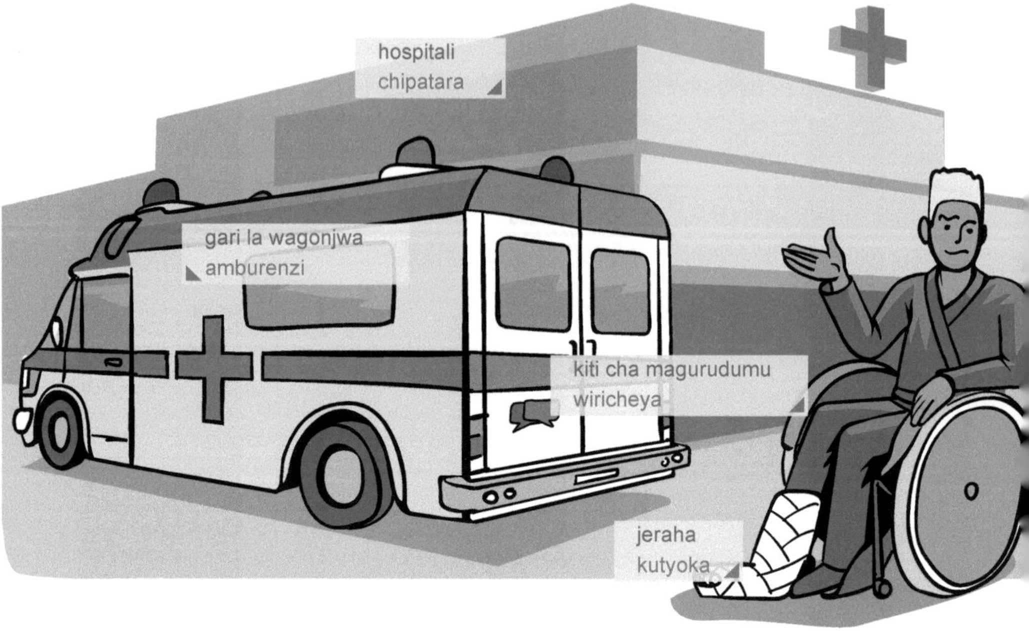

hospitali
chipatara
gari la wagonjwa
amburenzi
kiti cha magurudumu
wiricheya
jeraha
kutyoka

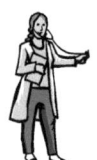

daktari

chiremba

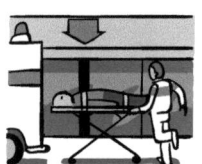

chumba cha dharura

imba yerubatsiro

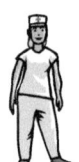

muuguzi

nesi

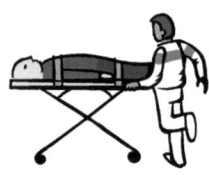

dharura

zvekukurumidza

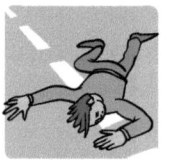

kupoteza fahamu

kufenda

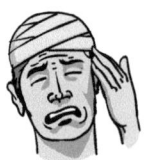

maumivu

rwadza

kuumia

kukuvara

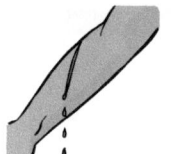

kutokwa na damu

kubuda ropa

mshtuko wa moyo

kuerekana mwoyo
usisashandi

kiharusi

kuoma rutivi

mzio

zvinorwarisa

kikohozi

chikosoro

homa

fivha

mafua

furuu

kuharisha

manyoka

maumivu ya kichwa

kutemwa nemusoro

kansa

mhuka

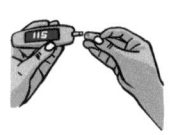

ugonjwa wa kisukari

chirwere cheshuga

daktari mpasuaji

muvhiyi

kisu kidogo cha kupasulia

kabanga keoparesheni

operesheni

oparesheni

picha changanufu ya mwili
CT

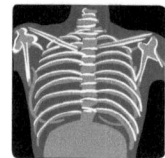

Eksrei
x-ray

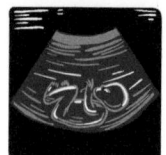

mawimbi sauti
ultrasound

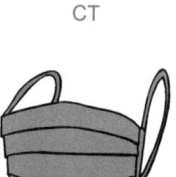

barakoa ya uso
chekuvharisa mhino nemuromo

ugonjwa
chirwere

chumba cha kusubiri
mekumirira kurapiwa

mkongojo
chidhondoro

plasta
purasita

bendeji
bhandiji

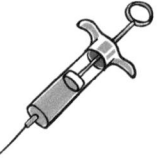

sindano
jekiseni

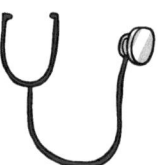

stetoskopu
chekuteerera nacho mukati

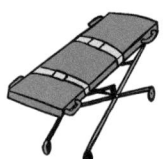

machela
kamubhedha kemurwere

kipimajoto cha kliniki
chekutoresa nacho tembiricha

kuzaliwa
kuzvara

unene kupita kiasi
kufuta

kusikia misaada

chekubatsira kunzwa

kipukusi

mushonga unouraya
utachiona

maambukizi

utachiona

virusi

vhairasi

VVU / UKIMWI

HIV / AIDS

dawa

mushonga

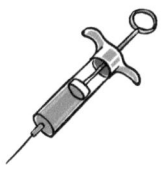

chanjo

kudzivirira zvirwere

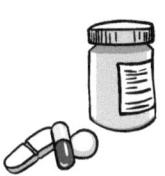

vidonge

mapiritsi

kidonge

piritsi

simu ya dharura

fonera rubatsiro ipapo
ipapo

haemodainamometa

muchina wekuyeresa BP

mgonjwa / mwenye afya

kurwara / kugwinya

Msaada!

Maiwe!

pigo

kurwisa

shambulizi

kurwisa

hatari

ngozi

lango la dharura

pekupuda napo zvechimbi-
chimbi

Moto!

Moto!

kizima moto

chekudzimisa moto

ajali

tsaona

vifaa vya huduma ya
kwanza

zvinhu zvefirst aid

wito wa msaada

SOS

polisi

mapurisa

Ulaya

Europe

Amerika ya Kaskazini

Kuchamhembe kweAmerica

Amerika ya Kusini

Kumaodzanyemba
kweAmerica

Afrika

Africa

Asia

Asia

Australia

Australia

Atlantiki

Atlantic

Pasifiki

Pacific

Bahari ya Hindi

Nyanza yeIndia

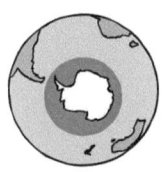

Bahari ya Antaktiki

Nyanza yeAntarctic

Bahari ya Aktiki

Nyanza yeArctic

Ncha ya Kaskazini

Kuchamhembe

Ncha ya Kusini
Kumaodzanyemba

Antaktika
Antarctica

dunia
Nyika

nchi
nyika

bahari
gungwa

kisiwa
chitsuwa

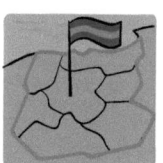

taifa
nyika

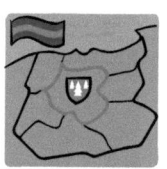

jimbo
nyika

uso wa saa

wachi

akrabu ya saa

chinongedza awa

akrabu ya dakika

chinongedza miniti

akrabu ya sekunde

inongedza masekondi

Ni saa ngapi?

Inguvai?

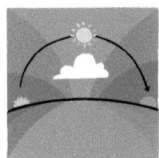

siku

zuva

wakati

nguva

sasa

izvozvi

saa ya dijitali

wachi yemanhamba

dakika

miniti

saa

awa

wiki

vhiki

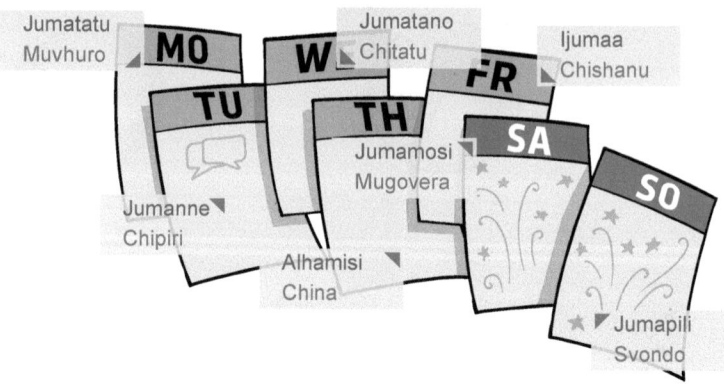

Jumatatu
Muvhuro

Jumatano
Chitatu

Ijumaa
Chishanu

Jumanne
Chipiri

Jumamosi
Mugovera

Alhamisi
China

Jumapili
Svondo

jana

nezuro

leo

nhasi

kesho

mangwana

asubuhi

mangwanani

saa sita mchana

masikati

jioni

manheru

siku za biashara

mazuva ebasa

mwishoni mwa wiki

kupera kwevhiki

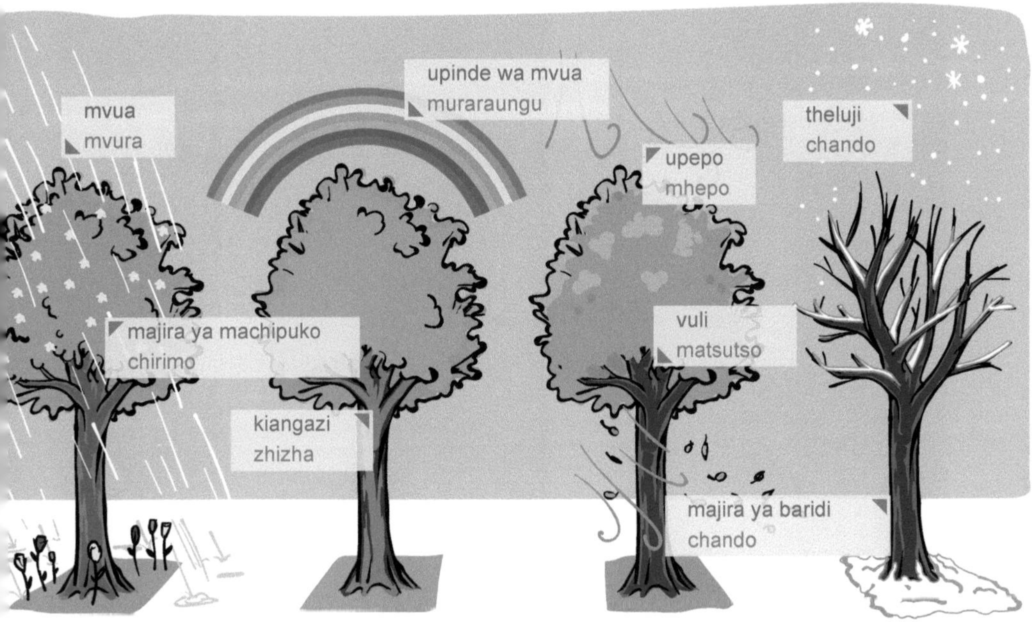

mvua
mvura
upinde wa mvua
muraraungu
theluji
chando
upepo
mhepo
majira ya machipuko
chirimo
vuli
matsutso
kiangazi
zhizha
majira ya baridi
chando

4.APRIL 11°
5.APRIL 4°
6.APRIL 13°
7.APRIL 8°
8.APRIL 10°

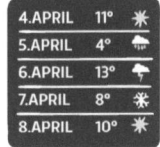

tabiri wa hali ya hewa

mamiriro ekunze anofungidzirwa

F C
120 40
90 30
60 20
30 10
0 0
-30 -10
-20

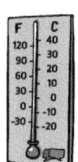

kipimajoto

chekutoresa tembiricha

mwanga wa jua

zuva

wingu

makore

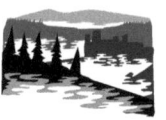

ukungu

mhute

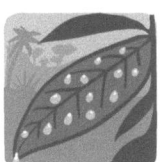

unyevu

hunyoro

umeme

mheni

radi

kutinhira

dhoruba

dutu

mvua ya mawe

chivhuramabwe

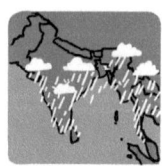

monsuni

mhepo ine mvura

mafuriko

mafashamo

barafu

mazaya echando

Januari

Ndira

Februari

Kukadzi

Machi

Kurume

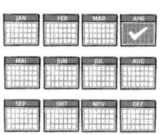

Aprili

Kubvumbi

Mei

Chivabvu

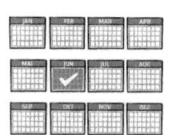

Juni

Chikumi

Julai

Chikunguru

Agosti

Nyamavhuvhu

Septemba
....
Gunyana

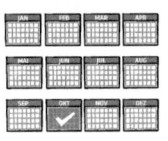

Oktoba
....
Gumiguru

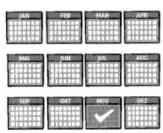

Novemba
....
Mbudzi

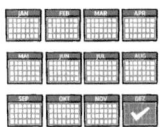

Desemba
....
Zvita

maumbo
mashepu

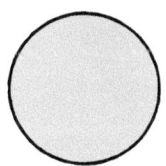

mduara
....
denderedzwa

mraba
....
sikweya

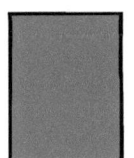

mstatili
....
rectangle

pembetatu
....
triangle

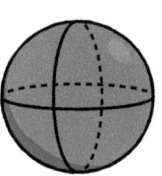

nyanja
....
bhora

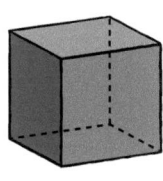

mchemraba
....
bhokisi

nyeupe

chena

manjano

yero

chungwa

orenji

rangi ya waridi

pingi

nyekundu

tsvuku

hudhurungi

pepuru

bluu

bhuruu

kijani

girini

hanja

kaki

jivujivu

gireyi

nyeusi

nhema

mengi / kidogo

yakawanda / zvishoma

hasira / pole

hasha / dzikama

nzuri / mbaya

naka / shata

mwanzo / mwisho

kutanga / kuguma

kubwa / ndogo

hombe / diki

angavu / giza

jeka / rima

kaka / dada

hanzvadzikomana /
hanzvadzisikana

safi / chafu

chena / sviba

kamilika / tokamilika

kwana / kusakwana

siku / usiku

masikati / usiku

wafu / hai

yakafa / mhenyu

pana / nyembamba

pamhamha / tetepa

kulika / kutolika

unodyiwa / haudyiwi

ovu / ema

utsinye / mutsa

sisimkwa / udhika

kunakidzwa / kufinhwa

nene / nyembamba

kobvuka / tetepa

kwanza / mwisho

kutanga / kupedzisira

rafiki / adui

shamwari / muvengi

jaa / tupu

rakazara / hairina kuzara

ngumu / laini

oma / pfava

nzito / nyepesi

rema / reruka

njaa / kiu

nzara / nyota

mgonjwa / mwenye afya

kurwara / kugwinya

haramu / kisheria

zvisiri pamutemo / zviri
pamutemo

akili / kijinga

kungwara / kupusa

kushoto / kulia

ruboshwe / rudyi

karibu / mbali

pedyo / kure

mpya / kutumika

matsva / matsaru

kitu / jambo

hapana / chiripo

zee / changa

kuru / duku

waka / zima

batidza/dzima

wazi / fungwa

vhurika / vharika

utulivu / kelele

nyarara / ruzha

tajiri / masikini

mupfumi / murombo

sahihi / kosa

chakanaka / chakaipa

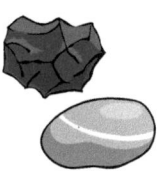

mbaya / laini

kukasharara /
kutsvedzerera

huzunika / furahia

kusuwa / kufara

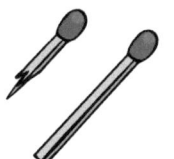

fupi /ndefu

pfupi / refu

polepole / haraka

nonoka / kurumidza

nyevu / kavu

nyoro / oma

joto / baridi

dziya / tonhora

vita / amani

hondo / rugare

kinyume - misiyano

0

sufuri

zero

1

moja

potsi

2

mbili

piri

3

tatu

tatu

4

nne

ina

5

tano

shanu

6

sita

nhanhatu

7

saba

nomwe

8

nane

sere

9

tisa

pfumbamwe

10

kumi

gumi

11

kumi na moja

gumi neimwe

12

kumi na mbili

gumi nembiri

13

kumi na tatu

gumi netatu

14

kumi na nne

gumi neina

15

kumi na tano

gumi neshanu

16

kumi na sita

gumi nenhanhatu

17

kumi na saba

gumi nenomwe

18

kumi na nane

gumi nesere

19

kumi na tisa

gumi nepfumbamwe

20

ishirini

makumi maviri

100

mia

zana

1.000

elfu

chiuru

1.000.000

milioni

miriyoni

Kiingereza

Chirungu

Kiingereza cha Marekani

Chirungu chekuAmerica

Kimandarini cha Uchina

Mandarin yekuChina

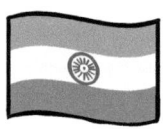

Kihindi

ChiHindi

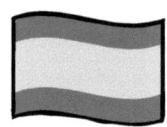

Kihispania

ChiSpanish

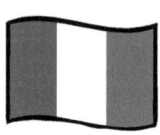

Kifaransa

ChiFrench

Kiarabu

ChiArabic

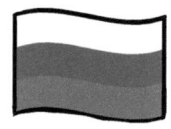

Kirusi

ChiRussian

Kireno

ChiPortuguese

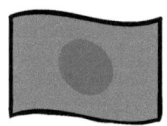

Kibengali

ChiBengali

Kijerumani

ChiGerman

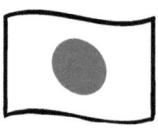

Kijapani

ChiJapanese

mimi

ini

wewe

iwe / imi

yeye / yeye / ni

iye

sisi

isu

wewe

imi

wao

ivo

nani?

ani?

nini?

chii?

jinsi gani?

sei?

wapi?

kupi?

lini?

riini?

jina

zita

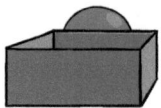

nyuma

seri

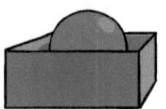

katika

mukati

mbele ya

pamberi

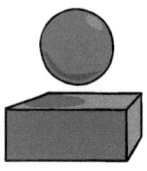

juu ya

nepamusoro

kwenye

pamusoro

chini ya

pasi

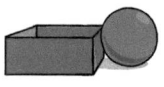

kando

divi

kati

pakati

mahali

nzvimbo